BEI GRIN MACHT SICH IHR WISSEN BEZAHLT

- Wir veröffentlichen Ihre Hausarbeit, Bachelor- und Masterarbeit

- Ihr eigenes eBook und Buch - weltweit in allen wichtigen Shops

- Verdienen Sie an jedem Verkauf

Jetzt bei www.GRIN.com hochladen und kostenlos publizieren

Die Digitalisierung und ihre Herausforderungen. Reformen in IT-Abteilungen als organisatorische Kernfunktion der Digitalisierung

GRIN

Bibliografische Information der Deutschen Nationalbibliothek:

Die Deutsche Nationalbibliothek verzeichnet diese Publikation in der Deutschen Nationalbibliografie; detaillierte bibliografische Daten sind im Internet über http://dnb.d-nb.de abrufbar.

ISBN: 9783346776723
Dieses Buch ist auch als E-Book erhältlich.

© GRIN Publishing GmbH
Trappentreustraße 1
80339 München

Druck und Bindung: Books on Demand GmbH, Norderstedt Germany
Gedruckt auf säurefreiem Papier aus verantwortungsvollen Quellen

Das vorliegende Werk wurde sorgfältig erarbeitet. Dennoch übernehmen Autoren und Verlag für die Richtigkeit von Angaben, Hinweisen, Links und Ratschlägen sowie eventuelle Druckfehler keine Haftung.

Das Buch bei GRIN: https://www.grin.com/document/1301725

Hausarbeit zur TASC-Zulassungsprüfung

IUBH - Internationale Hochschule Fernstudium
Studiengang: M. Sc. Wirtschaftsinformatik (60 ECTS)

**Der Einfluss der Digitalisierung auf die
klassische Rolle der IT in Unternehmen
und Ableitung einer möglichen Neuausrichtung**

I. Inhaltsverzeichnis

II. Abbildungsverzeichnis

III. Abkürzungsverzeichnis

Bzw.   Beziehungsweise

CEO   Chief Executive Officer (deutsch: Vorstandsvorsitzender)

Engl.   Englisch

E-Mail   Electronic Mail (deutsch: elektronische Nachricht)

PC   Personal Computer (deutsch: persönlicher Computer)

IT   Informationstechnologie

IoT   Internet of Things (deusch: Internet der Dinge)

z. B.   Zum Beispiel

1. Einleitung

„In den nächsten 10 Jahren werden wir an einem Punkt sein, an dem nahezu alles digitalisiert wird" (aus dem Englischen übersetzt, Schwabe, o.J.) ist ein Zitat von Satya Nadella, CEO von Microsoft, einem der größten Software- und IT-Dienstleister weltweit.

Die Digitalisierung verändert bestehende Märkte und hat darüber hinaus disruptives Potential, also die Fähigkeit bestehende Technologie zu verdrängen und in der Maximalausprägung vollständig zu ersetzen (Vogel, Tufinkgi, Venschott, 2020, S. 6). Einst kritisch als digitaler Nischentrend bewertet, beschleunigt die aktuelle Pandemiesituation je nach Marktumfeld die Verdrängung derjenigen Marktteilnehmer, die ihre Prozesse und Organisation nicht ausreichend auf die digitalen Herausforderungen ausgerichtet haben; die Strukturdefizite wurden transparent (Kreutzer, Neugebauer, Pattloch, 2017, S. 2-3). Die IT-Abteilungen in Unternehmen stehen vor der Herausforderung die Chancen und Einflussfaktoren der Digitalisierung in ihre Organisation zu integrieren, um von den Marktentwicklungen nicht überholt zu werden, sondern diese für ihre individuelle, unternehmerische Rolle erfolgreich zu nutzen (Tiemeyer, 2017, S. 1). Hier kommt der IT-Abteilung als organisatorische Kernfunktion der Digitalisierung eine besondere Rolle zu (Koch, Ahlemann, Urbach, 2021, S. 5). Im Rahmen dieser Arbeit geht es in der Konsequenz um die Frage, wie die neue Rolle und die daran angeknüpfte Reformrichtung auszusehen hat, um als interner Treiber der Digitalisierung zu wirken und nicht stiller Beobachter zu werden.

Hierfür sollen zunächst die verwendeten Begrifflichkeiten vorgestellt und voneinander abgegrenzt werden. Im Anschluss wird für ein Verständnis über die Ausgangslage, die klassische, allgemeine IT-Rolle vorgestellt und dabei die Vor- und Nachteile diskutiert. Im Anschluss sollen die aktuellen, technologischen Einflussfaktoren kategorisiert, kurz vorgestellt und deren Implikation auf die zum Einstieg skizzierte, klassische IT-Struktur in Unternehmen thematisiert werden. Im Fortfolgenden wird abgeleitet und diskutiert welche Antwort die IT-Organisation in Unternehmen bereitstellen kann, um diese Einflussfaktoren im Unternehmen organisatorisch erfolgreich einzubinden und wie eine neue IT-Rolle im Unternehmen aussehen kann, um Treiber der Digitalisierung im Unternehmen zu sein. Den Schluss der Arbeit bildet ein Fazit, in dem die Kernerkenntnisse aufgegriffen und weitere Forschungsansätze aufgrund der Erkenntnisse dieser Arbeit abgeleitet werden. Es ist dem eingeschränkten, vorgegebenen Arbeitsumfang dieser Arbeit geschuldet, dass die theoretische Grundlagen und die Ableitung der Handlungsempfehlung in stark gekürzter und vereinfachter Form zu erfolgen haben.

2. Begriffsabgrenzung

2.1 Digitalisierung

Digitalisierung kann als die Vernetzung von Privat- und Berufsleben aufgegriffen werden, organisatorische Grenzen verschwinden und Daten werden an der Schnittstelle von Maschinen zu ihrem Umfeld generiert, um neue Wertschöpfungsprozesse abzubilden (Barton, Müller, Seel, 2018, S. 12-13). Sie durchdringt sämtliche Märkte und wirkt auf Menschen, Organisationen und Kulturen. Es bezeichnet den Wandel von analogen zu digitalen Geschäftsmodellen und Prozessen, hat disruptiven Charakter, also das Potential die Machtverhältnisse in bestehenden Märkten / Industrien neu zu verteilen und fokussiert sich auf die Schnittstellenprozesse zu den Menschen und dessen Umwelt (Hanschke, 2018, S. 3).

Eine weitere Annäherung des Begriffes fokussiert sich auf die Veränderungsdynamik. Digitalisierung ist hier die digitale Neuinterpretation aller Produkte, Dienstleistungen und Geschäftsmodelle im Unternehmen. Sie bedingt eine hohe Veränderungsbereitschaft von Unternehmen in klassischen Funktionsstrukturen, um mit sich mit einem digitalen Geschäftsmodell und innovativen Unternehmensprozessen erfolgreich in ihrem jeweiligen Wettbewerbsumfeld zu positionieren (Kreutzer, Neugebauer, Pattloch, 2017, S. 1-2). Da im Laufe dieser Arbeit sowohl der organisatorische Wirkungsraum der Digitalisierung, als auch die technische Komponente betrachtet werden, soll die Definition nach Kreutzer, Neugebauer und Pattloch fortfolgend zu Grunde gelegt werden. Digitalisierung basiert auf IT, welche wie folgt definiert wird.

2.2 Rolle der IT in Unternehmen

„IT" steht für Informationstechnologie und ist im organisatorischen Kontext die Bereitstellung von Informationstechnik als unterstützende Ressource für Geschäftsprozesse und -produkte zur Leistungserbringung im Unternehmen (Hulvej, 2008, S. 38). Die IT ist demnach die Fokussierung auf die Ressourcenbereitstellung von Informationstechnologie in Unternehmen, insbesondere durch Wartung und Sicherstellung der Verfügbarkeit aller technischen Informationsverarbeitungsressourcen für den täglichen, operativen Geschäftsbetrieb (Koch, Ahlemann, Urbach, 2021, S. 1).

„Die IT stellt die technischen und prozessualen Hilfsmittel zur Unterstützung der Geschäftsprozesse, dies betrifft die Beschaffung, Verarbeitung und anwendungsorientierte Bereitstellung der nachgefragten Information (Tiermeyer, 2017, S. 16).

3. Die klassische Rolle der IT in Unternehmen und ihre Vor- und Nachteile

3.1 Aufgaben und Ziele der IT in Unternehmen

Die IT in Ihrer klassischen Form hatte ursprünglich als Aufgabe die IT-Infrastruktur im Unternehmen bereit zu stellen, zu Warten und weiter zu entwickeln (Urbach, Ahlemann, 2017, S. 302). In einem weiteren Entwicklungsschritt galt es die Organisation intern zu vernetzen und den Geschäftsbetrieb sowie die Personalorganisation digital administrierbar zu machen. Dies geschieht durch die Bereitstellung der richtigen Infrastruktur bzw. IT-Anwendungen und zum anderen durch die Integration der diversen Datenquellen (Hulvej, 2008, S. 42). Daran knüpfte die Datenadministration und -überwachung an. Dies betraf Datensicherheit gegenüber Konkurrenten im Zuge von neuen Schnittstellen gegenüber Zulieferern aber auch das Risiko der Abwanderung von Personal zur Konkurrenz mit dem Potential Informationen überliefern zu können (Purps, Pardigol, Kehre, 2018, S. 282). Mit der Jahrtausendwende begann die Optimierung und Steuerung von Geschäftsprozessen mithilfe von IT, Logistikketten wurden nicht nur via IT abgebildet, sondern darüber gesteuert und optimiert (Tiemeyer, 2017, S. 11).

Die IT-Organisation ist im Rahmen ihrer Aufgaben entlang fast aller Prozesse eingebunden und liefert nach Anforderung durch die Fachbereiche weitere Produkte und Dienstleistungen, die dem Konzept Plan-Build-Run folgen (Urbach, Ahlemann, 2017, S. 303).

- Plan: Konzeption der IT-Lösung bzw. Anforderungsdefinition
- Build: Umsetzung einer externen Lösung bzw. Eigenentwicklung
- Run: Ausrollung in die Organisation im Rahmen eines Veränderungsprojektes

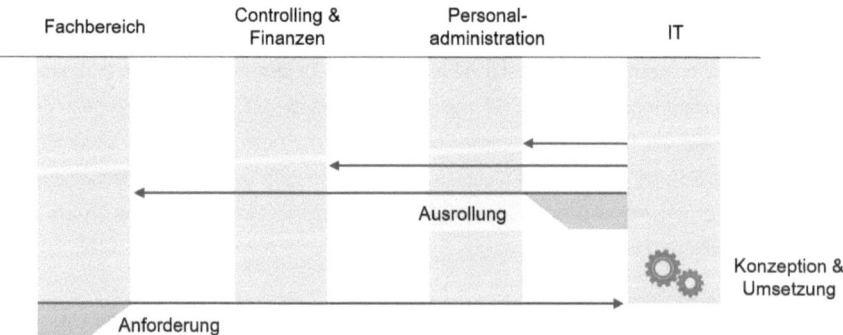

Abbildung 1: Die klassische Rolle der IT in Unternehmen (eigene Abbildung in Anlehnung an Urbach, Ahlemann, 2017, S. 303)

Die Konzeption, Bewertung der Umsetzbarkeit sowie die Definition des Umsetzungserfolges liegen daraus ableitend in erster Linie in der IT, der Fachbereich hat zunächst keine alternativen Anbieter und ist von der Umsetzung der internen IT-Organisation abhängig (Urbach, Ahlemann, 2017, S. 303). Die IT agiert darüber hinaus primär in sich geschlossen, folgt standardisierten Produktionsprozessen und bindet den internen Kunden erst im Zuge der Implementierung ein (Hulvej, 2008, S. 43-44). IT-Innovationen werden nicht vom Ort der Wertschöpfung bzw. des Wettbewerbs durch Fachbereiche getrieben, sondern von der IT nach Anforderung durch die Fachbereiche in die Organisation ausgerollt (Urbach, Ahlemann, 2017, S. 304-305).

3.2 Vor- und Nachteile der klassischen IT-Rolle in Unternehmen

Eine solche Organisationsrolle lediglich kann durchaus auch Vorteile für die Installation und Betreuung der IT-Technologie in der Organisation haben, wie im Folgenden dargelegt wird.

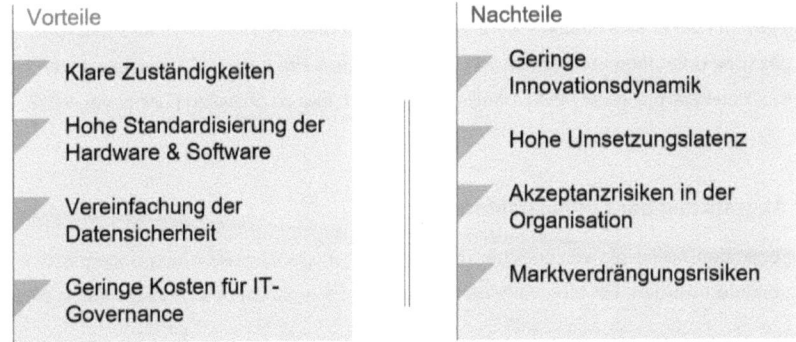

Vorteile	Nachteile
Klare Zuständigkeiten	Geringe Innovationsdynamik
Hohe Standardisierung der Hardware & Software	Hohe Umsetzungslatenz
Vereinfachung der Datensicherheit	Akzeptanzrisiken in der Organisation
Geringe Kosten für IT-Governance	Marktverdrängungsrisiken

Abbildung 2: Vor- und Nachteile der klassischen IT-Rolle

Die Vorteile dieser alleinigen, zentralisierten Rolle der IT sind klare, weil monopolistische, Zuständigkeiten und eine hohe Standardisierung der IT-Struktur (Hulvej, 2008, S. 43-44). In der Konsequenz ist auch die Datenüberwachung und -sicherheit vereinfacht, jede Veränderung der IT-Architektur findet in Kollaboration mit der IT-Abteilung statt. Es gibt maximal transparente Strukturen und in einer idealen Betrachtung hohe Effizienz (Huber, 2021, S. 427).

Diese Faktoren gehen zu Lasten einer reduzierten Innovationsfähigkeit. Standardisierte Abläufe und eine Innovationskultur, die von der IT ausgeht, hat keine hohe Agilität in der Berücksichtigung von Marktdynamiken und läuft Gefahr an den Kundenbedürfnissen vorbei zu entwickeln (Urbach, Ahlemann, 2017, S. 302). In der Konsequenz umgehen diese die Abläufe, um sich extern die nötige IT-Lösung zu beschaffen (Brenner, Györy, Pirouz, Uebernickel, 2011, S. 1-2). Daran knüpft sich das Risiko an, dass nicht flexibel genug auf Markttrends reagiert werden kann (Koch, Ahlemann, Urbach, 2021, S. 6).

Eine repräsentative Umfrage für den deutschen Mittelstand kommt zu dem Ergebnis, dass sich lediglich ein Drittel der Unternehmen in einem Umbruch der Digitalisierung befinden. Einer der am häufigsten genannten Faktoren waren mangelnde IT-Kompetenz, Kosten und die Veränderungsbereitschaft der Organisation (Barton, Müller, Seel, 2018, S. 15-16).

4. Einflussfaktoren im Zuge der Digitalisierung

„Es gibt keine Alternative zur digitalen Transformation", Jeff Bezos (Stäudtner, 2020). Das Zitat des Gründers eines der erfolgreichsten, moralischen teils strittigen, digitalisierten Unternehmen der Welt, gewinnt unter der Berücksichtigung, dass Amazon zu den größten Gewinnern der weltweiten Pandemiekrise gilt (Birke, 2020, S. 1), neues Gewicht. Durch Digitalisierung gewinnt die IT eine strategische Schlüsselrolle in Unternehmen. Digitalisierung wirkt auf die gesamte Unternehmensorganisation, sie schafft neue Produkte und Dienstleistungen und hat das Potenzial bisherige Marktaufteilungen gänzlich neu zu gestalten (Tiermeyer, 2017, S. 12).

4.1 Abgrenzung der Einflussfaktoren

Im Folgenden sollen die wesentlichen Einflussfaktoren der Digitalisierung abgegrenzt und kurz erläutert werden, um eine verfeinerte Basis für die organisatorische Auswirkung zu liefern.

IT-Consumeration

Mehrere Faktoren haben den Austausch und den technologischen Zugang von Mitarbeitern im privaten und beruflichen Kontext mit IT-Anwendungen gestaltet haben (Kopper, Westner, Strahringer, 2017, S. 101). Zum einen wird im Falle von Geburtsjahrgängen ab 1980 von „digital natives" gesprochen, also Personen, die mit IT aufgewachsen sind und Software sowie Endgeräte als selbstverständliches, „muttersprachliches" Gebrauchsgut sehen und täglich nutzen (Brenner, Györy, Pirouz, Uebernickel, 2011, S. 3). Softwarelösungen sind nicht mehr den klassischen IT-Profis vorbehalten. Benutzerfreundlichkeit und Kontakt mit IT im privaten Kontext reduzieren die Hemmschwelle sich mit der Technologie auseinanderzusetzen. Immer häufiger bringen die Mitarbeiter in der Konsequenz neue IT-Konzepte in das Unternehmen ein, die sie privat, in einem womöglich anderen Kontext, kennengelernt haben (Haag, Eckhardt, 2015, S. 1). Sie projizieren ihre Anforderungen und Nutzererfahrungen auf die Abläufe im Geschäftskontext und entwickeln sich so zu Anwendern mit präzisen IT-Anforderungen (Kopper, Westner, Strahringer, 2017, S. 101).

Cloud Computing

Cloud Computing bezeichnet die zur Verfügung Stellung von IT-Infrastruktur und den darauf laufenden Anwendungen über das Internet. Die Bereitstellung von Cloudlösungen reduziert die Abhängigkeit der Fachabteilungen von der Bereitstellung einer lokalen Infrastruktur durch die IT und ermöglicht sehr agil die Integration von IT-Anwendungen, die Skalierung der Infrastruktur und den Aufbau neuer Schnittstellen (Brenner, Györy, Pirouz, Uebernickel, 2011, S. 1).

Internet of Things

Internet of Things (IoT) steht für die übergreifende Erhebung und Integration von Daten an der Schnittstelle zur physischen Wirklichkeit und nutzt Sensoren (Vogel, Tufinkgi, Venschott, 2020, S. 4), um durch die Verknüpfung dieser großen Datenmengen Optimierungspotentiale oder neue Dienstleistungen zu schaffen (Koch, Ahlemann, Urbach, 2021, S. 4). Durch eine Datenintegration mithilfe des Internets können hierdurch übergreifende Prozesse in der Wertschöpfungskette, beispielsweise die Logistiksteuerung, automatisiert stattfinden (Huber, 2021, S. 434). Auch ein gänzlich neues Produkt kann mithilfe von Internet of Things entstehen, beispielsweise eine nutzungsabhängige Wohnraumbeheizung oder automatisierte Bestellung von Konsumgütern. Mit diesen digitalen Ressourcen gewinnt ein physisches Produkt einen Wettbewerbsvorteil (Tiemeyer, 2017, S. 14).

Mobile Computing

Mobile Endgeräte, beispielsweise Tablets und Smartphones, erhöhen die Produktivität und schaffen neue Vertriebsmöglichkeiten durch den mobilen Datenzugriff für Mitarbeiter und Kunden. Je nach Produkt ermöglichen diese Gerätschaften die Möglichkeit für Endkunden, eigenständig ihr Produkte zu individualisieren und bis in das Aftermarketgeschäft, also Service und Ersatzteilgeschäft, zu begleiten (Kieviet, 2019, S.120-121). In diversen operativen Produktionsabläufen werden Anweisungen und Informationen bereitgestellt, die den Ablauf optimieren, sodass der Mitarbeiter keine Wegezeiten in Anspruch nehmen muss mit entsprechendem Effizienzverlust. Dies ist natürlich auch im Umkehrschluss einschlägig, Arbeitnehmer können in Echtzeit Informationen zurückmelden, welche Einfluss auf die Produktionssteuerung haben können (Brenner, Györy, Pirouz, 2011, S. 2-3).

Diese Innovationen eröffnen die Frage, welche Antwort die IT-Organisation bereitstellen kann.

4.2 Implikationen der Digitalisierung auf die Rolle der IT in Unternehmen

Die dargelegten Einflussfaktoren führen zu einem veränderten Selbstverständnis der Geschäftsbereiche zur Stellung von IT-Anforderungen und der Interaktion mit der IT-Organisation. Digitalisierung ist nicht im Unternehmen abgrenzbar, endet nicht in organisatorischen Aufgabengebieten, sondern wirkt mit einer großen Spannweite umfassend auf die Organisation (Tiemeyer, 2017, S. 52-53). Der IT kommt hierbei eine Schlüsselrolle zu: Zum einen aufgrund der Tatsache, dass sie als Experte für die Technologie gilt und zum anderen, da sie aufgrund ihrer Unterstützungsfunktion der Geschäftsprozesse wesentlicher Wissensträger ist (Hanschke, 2018, S. 18).

IT-Consumeration

Einzelne Mitarbeiter entlang dieser Wertschöpfungsprozesse entwickeln sich aufgrund der IT-Konsumierung zu IT-Experten, mit der Fähigkeit IT-Kompetenzen mit spezifischen Produktanforderungen zu verknüpfen und dabei gestalterisch zu agieren (Tiemeyer, 2017, S. 52-53). Ist die IT nicht in der Lage diesen Anforderungen zu entsprechen, stehen durch die Werkzeuge der Digitalisierung Wege offen, diese Lösungen extern zu beschaffen oder bisweilen zumindest Druck in die IT-Organisation zu leiten. Mitarbeiter kennen Lösungen aus ihrem privaten Umfeld und leiten daraus präzise Ideen für die Rolle der IT im täglichen Arbeiten ab (Jaroslav, Hulvej, 2008, S. 2-3).

Mobile Computing

Durch das Potential Kunden- und Produktionsprozesse neu zu gestalten ist es erforderlich, dass die IT Experte in den zugrundeliegenden Betriebssystemen der neuen Endgeräte wird oder alternativ extern bereitstellen kann (Huber, 2021, S. 428). Für die Gestaltungsmöglichkeiten der Fachbereiche ist es darüber hinaus nötig, dass Innovationsplattformen bereitgestellt und ein Wirkungsraum für die gestalterische Zusammenarbeit mit den Geschäftsbereichen ermöglicht wird (Koch, Ahlemann, Urbach, 2021, S. 8).

Internet of Things

Das Netzwerk zur Datenbeschaffung erfordert zum einen eine Infrastruktur, die mit dieser großen Menge an Daten umgehen kann und bedingt IT-Kompetenzen in der Datenverwaltung und -analyse (Urbach, Ahlemann, 2017, S. 309). Die Integration dieser Technik stellt technisch und betriebswirtschaftlich die Forderung der modularen Integrierbarkeit an die IT-Architektur, um flexibel und schnell neue Techniken bzw. Datenquellen integrieren zu können (Urbach,

Ahlemann, 2017, S. 309). In diesem Kontext ebenfalls systemimmanent ist die Datensicherheit, die generierten Informationen über Kundenverhalten oder interne Abläufe, können sensibel sein (Tiemeyer, 2017, S. 44).

Cloud Computing

Die wegfallende Notwendigkeit lokaler IT-Infrastrukturen steigert die Flexibilität, eine Erhöhung der Kapazitäten ist ohne aufwändige Installationsmaßnahmen und Erhöhung der Wartungskosten (Hanschke, 2018, S. 9). Im Umkehrschluss entstehen allerdings Risiken, die es zu identifizieren und berücksichtigen gilt. Externe Dienstleister, welche diese Cloud Lösung bereitstellen, können ausfallen. Des Weiteren stellt sich die Frage in welchem Rechtsraum diese externen Partner tätig sind und wie hier Datensicherheit gewährleistet werden kann (Vogel, Tufinkgi, Venschott, 2020, S. 10). Die IT-Abteilung muss daher, trotz externer Beschaffung, Kenntnisse in diesem Bereich aufbauen, regelmäßig die richtige Umsetzung prüfen und in der Lage sein im Falle des Ausfalles oder einer gesetzlichen Missachtung zu reagieren (Hanschke, 2018, S. 10).

4.3 Zwischenfazit

Die IT-Abteilung sieht sich in der Konsequenz nicht mehr in einem geschützten Tätigkeitsbereich, welches aus Sicht der Fachbereiche alternativlos ist, sondern steht zunehmend im Wettbewerb mit externen Anbietern und einem neuen IT-Verständnis in der Organisation. Des Weiteren sind im Zuge der Digitalisierung neue Techniken und Anwendungsbereiche entstanden, zu denen intern Kompetenzen und Steuerungsprozesse installiert werden müssen. Aufgrund der Diversifizierung der unterschiedlichen Betriebssysteme und der verschwimmenden Grenze zwischen Privat- und Geschäftsnutzung gewinnt Datenschutz an strategischer Relevanz (Tiemeyer, 2017, S. 44).

5. Neuausrichtung der IT im Zuge der Digitalisierung

Zieht man den Vergleich zwischen den Erkenntnissen aus Kapitel vier und Kapitel drei wird die Notwendigkeit eines Paradigmenwechsel deutlich. Hieraus geht die Notwendigkeit einer Neuordnung der IT hervor, das veränderte Rollenverständnis bedingt neu gestaltete Abläufe in der Anforderungserstellung, in der Produktentwicklung, in der Einführung und in der Begleitung nach erfolgreicher Implementierung sowie institutionalisierter Kommunikationsformate zwischen IT und Fachbereich.

5.1 Aufgaben und Ziele der IT im Zuge der Digitalisierung

Im Folgenden wird ein erweitertes Aufgabenspektrum der IT vorgestellt, welches die Einflussfaktoren der Digitalisierung für eine erfolgreiche Integration berücksichtigt.

IT-Innovation

Die IT im Unternehmen versteht sich als Innovationstreiber auf Augenhöhe mit den Fachbereichen. Chancen, die sich durch die Einflussfaktoren innovativer Digitalisierungsprodukte ergeben, werden mithilfe der Prozessexpertise in das Unternehmen getrieben und mit Fachkompetenzen der Geschäftsbereiche auf Augenhöhe zur operativen Umsetzung gebracht. Die IT stellt die hierfür nötigen Kommunikationsformate und Entwicklungsplattformen bereit, um der vernetzten Ideenentwicklung über Grenzen einzelner Zuständigkeiten hinweg Raum zu geben.

IT-Integration

Im Rahmen von IoT und weiterführenden Digitalisierungstools findet eine Verschmelzung der Fachbereiche und IT statt. Die IT hat das Potential ihr Prozesswissen einzubringen und die Daten so aufzubereiten, dass neues Wissen generiert und bereitgestellt werden. In einem weiteren Schritt können IT-affine Mitarbeiter in den einzelnen Organisationeinheiten zu Experten entwickeln werden, die als Anknüpfungspunkte der IT in der Organisation dienen. Diese Mitarbeiter sind IT-affin, motiviert, oftmals in Projekten der jeweiligen Fachabteilung aktiv und zeigen eine hohe Bereitschaft Veränderungsprozesse zu unterstützen.

IT-Bereitstellung

Anwendungen werden nicht mehr einseitig von der IT diktiert oder im Zuge eines Einkaufsprozesses final definiert, sondern unter anderem mit externen Partner flexibel über ein online Portal bereitgestellt. Anwendungen können sowohl intern produziert als auch über Leasingmodelle extern bereitgestellt und weiterführend betreut werden, die Rechenzentren müssen nicht mehr, unter Berücksichtigung der Legislative und der Ausfallrisiken, in den eigenen Räumlichkeiten vorliegen.

5.2 Neuausrichtung der IT im Zuge der Digitalisierung

Die Bereitstellung der Infrastruktur und Unterstützungsprozesse ist nicht mehr solitärer Erfolgsfaktor der IT-Verankerung in Unternehmen, vielmehr steht die Notwendigkeit im Raum die richtigen Strukturen für die Entwicklung und Bereitstellung von Anwendungen, weitergehenden, funktionalen Dienstleistungen, der Wahrung der Datensicherheit und der Innovationsfähigkeit des Unternehmens zu etablieren (Urbach, Ahlemann, 2017, S. 303-310; Tiemeyer, 2017, S. 15-16).

9

Hierzu ist eine organisatorische Ordnung zu entwerfen, die es ermöglicht, dass die Bedürfnisse der Fachbereiche in strategische IT-Entscheidungen einfließen können und die IT umgekehrt auch ihre unternehmensweite Prozesskenntnis einbringen und als Innovationsbeschleuniger gegenüber der Projektlandschaft wirken kann. Dies wird beispielsweise durch Gremien, die regelmäßig Beschaffungsfragen bewerten, durch ständige Teilnahme in Lenkungsausschüssen von Veränderungsprojekten, aber auch durch einen Expertenpool an IT-Beratern, welche bei konkreten Fragestellungen des jeweiligen Projektes eingebunden werden können, abgebildet.

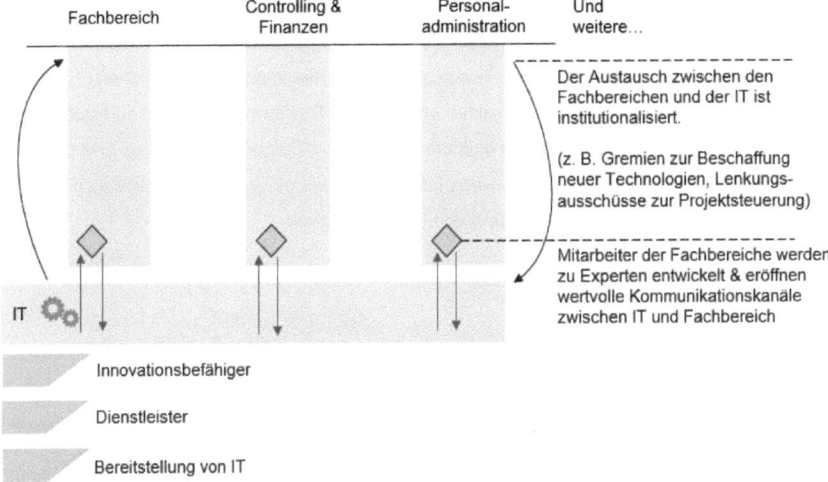

Abbildung 3: Konzept einer neuausgerichteten IT-Rolle

Die Visualisierung einer solchen Rolle der IT unterstreicht die Bedeutung als Partner der Abteilungen, IT wird integraler Bestandteil der Geschäftstätigkeit und unterstützt in seiner Querschnittsfunktion übergreifend die Abläufe innerhalb der Organisation und an deren Schnittstellen.

5.3 Vor- und Nachteile der vorgestellten IT-Neuausrichtung

Positiv ist, dass durch die Experten in den Fachbereichen, den institutionalisierten Gremien und der Einbindung in die Projektarbeit die Kommunikationskanäle von den Fachbereichen zur IT und umgekehrt etabliert sind. Das hybride Modell aus externen Produkten, die zur Verfügung gestellt werden und Eigenentwicklungen, gewinnt im Zuge der Partnerschaft mit den Fachbereichen an Qualität im Entwicklungs- und Implementierungsprozess. Eine mitgestaltete Lösung der Fachbereiche führt zu verringerten Implementierungsrisiken, sowohl technisch als auch organisatorisch und erhöht die Chance, dass die Datensicherheit erhöht und Doppelbeschaffungen vermieden werden.

Im Umkehrschluss entstehen auch hier Nachteile, die Heterogenität der Systeme und Endgeräte wird angesichts der unterschiedlichen Bedürfnisse und technologischen Bandbreite wachsen. Die Komplexitätssteigerung der IT-Architektur hat das Potential die Chance zu reduzieren, neue IT-Lösungen mit greifbaren Kosten zügig in die immer umfangreichere Prozesslandschaft implementieren zu können. Darüber hinaus entwickelt sich eine so ausgerichtete IT durch ihre Dienstleistungsfunktion stärker in Kompetenzgebiete, die nicht klassischerweise der IT zugeordnet werden, Koordination der Experten in den Fachbereichen, Teilnahme an Gremien zu Beschaffung und Projekten erhöhen den Ressourcenaufwand und stellen neue Mitarbeiteranforderungen. Die Heterogenität der mobilen Endgeräte zum einen und der damit einhergehenden Anwendungsspannweite bis hin zur Generierung von Kundendaten zum anderen, Erschweren die Gewährleistung von Datensicherheit.

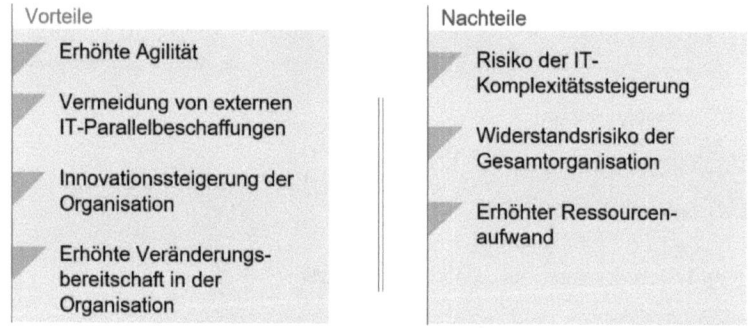

Abbildung 4: Vor- und Nachteile einer neu ausgerichteten IT

Die Betrachtung der Einflussfaktoren in Verbindungen mit den Vor- und Nachteilen unterstreichen, dass eine organisatorische Veränderung der IT Veränderungen, sowohl in der Organisationsstruktur und den damit einhergehenden Prozessen, als auch der personellen Ausstattung bedingt.

6. Fazit und mögliche Forschungsansätze

Im Zuge dieser Arbeit wurde beschrieben, welche Aufgaben eine klassische IT in Unternehmen wahrnimmt und welche organisatorische Einordnung in der Unternehmensstruktur dies mit sich bringt. Im Anschluss wurden die Einflussfaktoren der Digitalisierung dargelegt, voneinander abgegrenzt und im Hinblick auf ein neues Rollenverständnis der IT diskutiert. Schließlich wurden Aufgaben und Ziele einer neu interpretierten IT-Organisation aufgezeigt, welche diese diskutierten Einflussfaktoren der Digitalisierung berücksichtigen. Abschließend wurden organisatorische Elemente skizziert, die hier unterstützend für ein neues Rollenverständnis wirken und deren Vor- und Nachteile diskutiert und mit einem Zwischenfazit zum Abschluss gebracht wurden. Sowohl Paradigma der IT-Rolle als auch die konkreten organisatorischen Elemente, beispielsweise die Innovationsplattformen, Beschaffungsgremien oder Experten in den Fachbereichen, haben weitreichenden Einfluss und verschieben die klassischen Aufgaben und Schnittstellen, dies hat Potential auf Ablehnung zu stoßen und impliziert eine unternehmensweite Betrachtung der notwendigen Schritte für diesen Kulturwandel, der die Arbeitsweise in Gänze verändern kann.

In der Konsequenz wäre es ein Forschungsansatz mögliche Vorgehensweisen zu analysieren, wie solch eine Rollenveränderung erfolgreich gestaltet werden kann und deren Chancen und Risiken zu betrachten. Die vorgestellten Einflussfaktoren und beispielhaften Technologien haben aufgezeigt, dass eine möglichst agile Anbindungsmöglichkeit erfolgskritisch ist. Auf rein technischer Ebene drängt sich daher die Frage auf, wie IT-Organisationen die IT-Architektur verschlanken können, um aus einer bereits heterogenen Ist-Architektur den Wandel hin zu einer Modularisierung und Flexibilisierung der Systemlandschaft erfolgreich zu gestalten. Angesichts der Einflussreichweite der Digitalisierung und der eingangs erwähnten, disruptiven Eigenschaft dieser technologischen Innovationen, ist nicht die Frage ob digitalisiert wird, sondern welche Methoden genutzt werden können, um die richtige Strategie für die organisatorische Aktivierung der IT in Unternehmen zu erarbeiten und die richtigen Maßnahmen zur Umsetzung abzuleiten.

„In den nächsten 10 Jahren werden wir an einem Punkt sein, an dem nahezu alles digitalisiert wird" (aus dem Englischen übersetzt, Schwabe, o.J.) das Einstiegszitat dieser Arbeit vom Microsoft-CEO, rundet diese Erkenntnis ab.

V. Literaturverzeichnis

Andriole, S. J. (2015): Who Owns IT? In: Communications of the ACM, Vol. 58, No. 3.

Brenner, W., Györy, A., Pirouz, M., Uebernickel, F. (2011): Bewusster Einsatz von Schatten-IT: Sicherheit & Innovationsförderung. Universität St. Gallen, Hochschule für Wirschaftsinformatik, St. Gallen.

Birke, P. (2020): Amazon – Gewinner in der Coronakrise. (URL: https://www.campuspost.goettingen-campus.de/2020/11/10/amazon-gewinner-in-der-coronakrise/ [letzter Zugriff: 20.04.2021]).

Haag, S., Eckhardt A. (2015): Justifying Shadow IT Usage. In: PACIS 2015 Proceedings, Ausgabe 241, S. 1-10.

Hanschke, I. (2018): Digitalisierung und Industrie 4.0. Carl Hanser Verlag, München.

Huber, M., Rentrop, C., Zimmermann, S. (2021): IT-Integration in Zeiten von Digitalisierung – (k)ein alter Hut? Springer Fachmedien Wiesbaden GmbH, Wiesbaden.

Hulvej, J. (2008): Integrierte Entwicklung von IT-Dienstleistungen. Universität St. Gallen, Hochschule für Wirtschafts-, Rechts- und Sozialwissenschaften, St. Gallen.

Kievit, A. (2019): Lean Digital Transformation – Geschäftsmodelle transformieren, Kundenmehrwerte steigern und Effizienz erhöhen. Springer-Verlag GmbH, Berlin.

Koch, P., Ahlemann, F., Urbach, N. (2021): Die innovative IT-Organisation in der digitalen Transformation, in Managementorientiertes IT-Controlling. 2. Auflage, Springer-Verlag GmbH, Berlin.

Kopper, A., Westner, M., Strahringer, S. (2017): Kontrollierte Nutzung von Schatten-IT. In: HMD, Ausgabe 54, S. 97-110.

Schwabe, C. (o. J.): Zitate zur Digitalisierung, Datenschutz und IT-Sicherheit. (URL: https://www.robin-data.io/datenschutz-akademie/news/zitate-zum-thema-datenschutz-digitalisierung-it-sicherheit [letzter Zugriff: 20.04.2021]).

Stäudtner, J. (2020): Sprüche und Zitate zur Digitalisierung, der digitalen Transformation und dem digitalen Wandel. (URL: https://www.cridon.de/sprueche-zitate-digitalisierung/ [letzter Zugriff: 20.04.2021]).

Tiemeyer, E. (2017): Handbuch IT-Management – Konzepte, Methoden, Lösungen und Arbeitshilfen für die Praxis. 6. Auflage, Carl Hanser Verlag, München.

Urbach, N., Ahlemann, F. (2017): Die IT-Organisation im Wandel. Springer Fachmedien Wiesbaden GmbH, Wiesbaden.

Vogel, H., Tufinkgi, P., Venschott, M. (2020): Digital Business Development – Möglichkeiten und Grenzen neuer Geschäftsmodelle. IUBH Discussion Papers – Business & Management, No. 3/2020.